DIALOGUE

ENTRE

UN JUGE DE PAIX RÉCEMMENT NOMMÉ,

ET

UN LABOUREUR APPELÉ NICOLAS,

ÉLECTEUR A USSEL.

1840

DIALOGUE

ENTRE

UN JUGE DE PAIX RÉCEMMENT NOMMÉ,

ET

UN LABOUREUR APPELÉ NICOLAS,

ÉLECTEUR A USSEL.

NICOLAS.

Bounjour, Moussu lou juge, a quo vaï lo bien?

LE JUGE.

Te remarcie moun paubre Nicoulas, sei toujours à toun sirvice.

NICOLAS.

Ieu sei bien countent de voste noumination.

LE JUGE.

Et coument podes-tu t'en réjouvir?

NICOLAS.

Aquouei que vous avès une boune teste, vous sès un homme juste, vous n'amas pas lous plaidiaires, ni mai lous prouciaus.

Vous n'anirès pas festeza aquellas raubas negras, aqueus groulars, que sintount la charogne de loun, aquel mounde n'amount pas lous accoumoudements, et quand nous tenount nous toundent sens cisieaux et nous laissount mas la pel et lous os. —

LE JUGE.

Moun ami ieu faraï moun dever, vous autreis m'escoutareis, et se fare pas dé frays d'in moun cantou, ieu veliarai, ieu sabe bien que vau maï nourri un béu, une vache, qu'un proucès.

Tu me counaissès, Nicoulas, èbe, en daqueus bous sentiments, ai bien agu de la peine per esse noumma.

NICOLAS.

Est lo poussiblé, comment s'est trouba quaucun, que vous voulie pas?

LE JUGE.

Oui, moun ami, noste desputa ere countre ieu,
est esta oubleja d'agir d'in moun interet, y ont
escrit de la boune encre, et manda que ne tour-
nesse pas à Ussel, que lou noumariont pas.

NICOLAS.

Coument aquel homme s'est faï preja? aquouci
un estrangier, ne couneï pas soun mounde; et faï
de las nesciaras.

Moussu lou juge, n'est lo pas lou meï que vèt,
que devent aveï une autre assemblado, per lous
desputas? Saquoueï, chaü changea lou nostre per
lou fa repentir de sas faütas.

Dijas me un pau, moussu, vous que legissès
lou journaü, coument s'est ir coumpourta dins
aquelle Chambre; ne me troumpeï pas si vous
plaï. —

LE JUGE.

Tu me fas une questiou que me jaïne un paü ;
cependent, te chau dire la verta tu as une vois à
dounna eitant vaü coumo la mie ; ieu te diraï que

ne seï pas esta countent de se, me disount be que
m'a oubleja, nin deve pas saber de graz. Ne sei
pas enquere decida et ne sabe pas coume faraï.

NICOLAS.

Moussu, vous preje, las mos juintas, racountame
tout ce que sabès. — Ieu aï de la counscience et
la vole garda tout intièro. Noste cura *Maijou*, que
n'est pas une bestie, mous recoumande tant!

LE JUGE.

Escoute bien. Aviant preï de las ilas que sount
tant loun d'eissi, coume que dirias el bout del
mounde; lei leissavant de las troupas per las gar-
das. — Un Anglais, noumma *Pritchard*, un ministre
proutestant, enfin, a tant précha lous habitants
d'aquel pays, qu'ount eïgourgea nostes soudars, ebe
aquel vilin homme Deü recebre de la France une
rescoumpense en argent, et noste desputa est esta
d'aquel avis.

Un autre affar bien fort, un brave desputas d'un
autre despartament, avia perposa de demunia la

saü de dous sols per lioure, lou nostre n'a pas
voügu aquelle dimunitiou.

NICOLAS.

Boune Vierge nostre dame d'Eygurande, est
aquo poussible, quaquér qu'a nostre proucuratiou
trabaille countre nous ! !

Coument a pougut counsintre, a paya aquel qu'a
faï eigourgea nosteis éfants. Coument n'a pas ac-
courda que la saü fuguesse démunide.

Parbleu aquoueï trop fort, aquoueï dous affars
abouminables ; ne mérite pas de perdou ; lou nou-
maraï pas, aquouei bien décida, a maï diraï per-
tout, que lou chaü pas tourna uoumma ; et ieu ne
pode pas creire, que vous y dounereïs vostre vois.

LE JUGE.

Nicoulas ieu t'aï dit quere d'in la doutance,
mais t'aï proumeï la verta, devie te la dire ; cepen-
dent aquel homme est oubligent per bien de las
persounas, faï dounna de las crous d'hounour, de
las pinturas à nostas Egliesas, que sount bien

bravas, respound a tout aquieux que y escrivount, me disount que y chaü aqueste nouminatiou per aver uno place pus forte qu'aquelle qu'a ; ieu creje be qu'après nous laschare, et nous laissera mestrei de fa ce que nous plaira.

NICOLAS.

Moussu lou juge, ieu n'aï pas taut d'esprit coume vous, n'aï mas aquel d'un paysan que vol bien vioure en son cura, paya sa taille, ama sa fenne, sous éfants, et anna d'in las villas lou min que pot ; mais ieu deve vous dire qu'aquel homme ne trabaille pas en counscience.

Vous disès que faï douna de las crous d'hounour en d'aqueüs que lou servount (bien coumpris), de las peinturas a las agleïsas que n'y costount ré (bien entendu), préjount Dieu per se, ieu aprove tout aquo.

Mas aquel homme n'est pas ecounomé de noste argent, perque ir aprove las rescoumpensas que donount en d'aqueüs que fount tua nostes soudards, ir ne vount pas que la saü soit demunide, tout aquot massouvadit me faït mounta la moustarde el naz!

Si aquel homme demourave din lou pays, saubrie que y a tant de misirables que n'usount pas de saü, perque est trop chare, et n'ount pas de que l'achata.

Ne sabès vous pas qué si tiravount doux sols per lioure coume vous disès, ieu gagnierie quarante francs toüs lous ans.

Noste fenne salarie maï la soupe, ieu n'en dounerie à mas bestias; y a cinq ans, vous n'en rapella, qu'aguerant aquelle maloudie, n'en perdeï per quinze cent francs, et sieü avie pougut sala moü beü et mas vachas, n'aurie beleü pas esprouva aquelle perte.

LE JUGE.

Nicoulas, ce que tu dises est vraï, ieu coumprene, mas y a doü messieurs, que me disount que ieu yaï oubligatiou.

NICOLAS.

Moussu lou Juge, vous fareï coume vous plaira, ieu fareï de même.

Prenès garde que gens de vostre justice ne siount pas instruits de ce que aureï faï

Ieu vous pervene d'abord, que vous chafrarount, vous appellerount lou juge *Pichard* ou *Pija*, si voulès. — Ieu vese be qu'aurent dous aboucats dous percuraires dous huissiers que serount *Pichard*, enfin bercops d'aqueüs qu'ount saint Yves per patroun que l'accoumpagnèrount, sabès lo, quand moutave d'in lou sciau, et que en lous quittant liour apregait, coume chaille fa per leï ariba sens eschale.

Apeuy se venent a saber qu'avès nouma un homme que n'aime pas la saü, perque ne vount pas que l'en n'en minge, vous maudirount tout à fait.

LE JUGE.

Moun cher Nicoulas, ieu sabe que tu me voles der be, tu n'iras pas publia la parlance qu'avent faï. — Tu faras coume te plaïra tu ses bien libre, ta vois vaüt eitant coume la mie. — Te rappella bien qu'à la darnière assemblade, degun se présentait per y disputa la place, fuguait tout soul, beleü aquot sere de même aqueste cop.

NICOLAS.

Parbleu si m'en souvene! eitabe erant toüs tris-
tès coume en d'un enterament! mas aqueste nou-
minatiou ne sera pas de même.

M'est esta dit, que de brave gens der pays vou-
liount se présenta; per ma boune fé, liour douna-
raï la préférence en grand plaser, deï min aqueü
voudrount que las taillas siount deminidas perce-
que la dèvount coume ieu. Ey be maï aquouei que
nous aidount à nourir nosteï paubreïs, ieu sabe
que lous alimentount bien; aqueste annade aquouei
pas une petiote charge, la visite de tant de misira-
bles me rend la vite bien dure.

D'aillours podount esse tant oublegeants, et tant
coumpans, que l'ancien desputa, que ne pareït
pas dispousa à deminua las taillas, et que n'aide
pas à nourrir nosteïs paübres.

LE JUGE.

N'y a ré a reprene de ce que tu as dit. Ieu te
repetaraï que fassas coume tu voudras, ieu t'a-
maraï tout de meme, ieu ne sei pas cabaleur.

NICOLAS.

Moussu, permetès que ieu vous dije une cause.
Y a dous electours d'in l'assemblado d'Ussel (que
ne vole pas noumma), que jamaï n'ount vougu fa
attentioun el proufit d'aver un desputa del pays.
Ieu ne sabe pas saquoueï per jalousie, ou per se fa
valer en d'aqueüs que lous fount tant demena ; ne
couneïsse pas liours rasous, per ieu que ne seï
mas un paysan ce que la gen de la ville appelount
un PAYSANAR ; ieu crèse aveï assez d'aïme, per dire
que tout aqueüs que ne volount mas dous estran-
giers, trabaillount per ieux, et noun per nous
autreïs.

Pendent quatre cops m'ount faï fa de las soutisas
dount me repente, et que coufessaraï à noste boun
pestre *Maijou*, perque m'en donne l'absoulutioun.
Jusqu'eissi m'ount faï noumma dous hommes que
ne couneisse pas ; ieu vous proumette qu'en l'ajude
de noste dame d'Eygurande, et en d'aquelle de la
Chabane, que disount tà puissante coume la nostre
que l'ancien desputa n'aura pas ma vois, et quand,
aqueux Messieurs me voudriount présenta aquel

prince qu'espérount toujours et qu'appelavount *lou prince grec* ieu ne lous escouteraï pas, et quand ieu serie coundanna a ne mingea mas de las leissolas, et quauque poule sens os et *sens persil*, ieu nounmara un homme der pays, quand serie de la campagne, mas que aquo sias un brave homme. Ieu espere que Coustanti moun vesi, à mai Loungeviale, et tant d'autreïs ferount coume ieu; a mai creije que reussirent! las bounas viergeas qu'aï noumma nous ajuderount.

Ainsi-soit-il.

NICOLAS.

PARIS. — IMPRIMERIE DE FAIN ET THUNOT,
rue Racine, 28, près de l'Odéon.